Charles de Mazade

Les Femmes dans la Société et dans la Littérature

Essai

ISBN : 978-1986343206

10 9 8 7 6 5 4 3 2 1

Charles de Mazade

Les Femmes dans la Société et dans la Littérature

Essai

Table de Matières

Les Femmes dans la Société et dans la Littérature
Mme de Sévigné, Mme de Staël, Mme Swetchine

Un des plus curieux et des plus piquants chapitres de l'histoire du monde serait celui qui retracerait dans sa grâce et dans ses métamorphoses la puissance souveraine des femmes. Les hommes ont cru se réserver un domaine privilégié, celui de l'action. En réalité, les femmes ne sont étrangères à rien de ce qui s'agite, ni à la politique, ni à la religion, ni aux arts, ni à la littérature, et dans la vie sociale elles sont reines. Elles règnent et même elles gouvernent. Leur empire commence là où la passion vient se mêler aux affaires humaines, et il finit là où la passion cesse d'être le tout-puissant mobile : il est sans limites connues, comme la vie. Ce n'est point sans doute que les femmes aient une action directe et permanente dans les événements, dans les guerres et les révolutions ; ce n'est point leur rôle, ou, si elles sont entraînées dans la mêlée, elles n'y apparaissent que par exception, par accident, par éclair. Elles font mieux, elles règnent dans ce milieu où les événements se préparent, où se forment les opinions et où se nouent tous les fils de l'intrigue humaine, drame ou comédie. Elles ne font pas les lois, il est vrai, elles font les mœurs, sans lesquelles les lois ne sont rien ; elles n'ont pas d'assemblées parlementaires et ne font pas de discours, elles ont la conversation et les salons, ces réunions choisies où tout est passé en revue, passionnément discuté, exalté ou criblé de raillerie élégante, ces foyers mondains qui sont, eux aussi, une puissance légitime, quand ils ne sont pas une cohue ou une coterie. Elles n'ont été jamais de l'Académie, et elles ont toujours fait des académiciens. Quelques-unes ont été de grands écrivains sans le savoir et ont poussé jusqu'au génie l'éloquence du cœur, la finesse de l'esprit, la sagacité du jugement, l'art de grouper tout un monde autour d'elles. Rien ne manque à cette souveraineté charmante, pas même les courtisans, les parasites et les importants. Ce n'est pas peut-être l'histoire de toutes les sociétés, c'est du moins l'histoire de notre société française, si prompte à se ressaisir et à se retrouver elle-même après toutes les épreuves, si impressionnable et si nerveuse, de cette société où les femmes ont régné, les unes par une invisible action, les autres par l'essor d'une personnalité brillante, et où jusqu'à des étrangères sont venues quelquefois briguer une royauté qu'elles ne trouvaient pas chez elles, qui les attirait dans notre monde et dont on ne leur refusait pas les gracieux avantages. Je ne sais ce qui arrivera de cette vie de conversations et de salons, de cette influence des femmes dans l'invasion des mœurs nouvelles ; ce qui est certain, c'est que cette puissance a existé, qu'elle est une tradition presque nationale en France, et qu'elle s'est révélée dans une multitude d'expressions et de types variant avec les époques, depuis Mme de Sévigné, l'incomparable *épistolière*, jusqu'à Mme de Staël, Mme de Duras, Mme Récamier et Mme Swetchine, la plus récente de ces renommées écloses dans l'atmosphère mondaine.

Les livres ont leur destin, et n'est-ce point un hasard intelligent qui, au même instant, à la même heure, fait revivre trois de ces femmes si différentes d'origine, de traits, de physionomie et d'esprit, — l'une, la grâce la plus vive d'une grande époque, — l'autre, organisation ardente et orageuse, représentant au seuil de notre siècle la passion et l'éloquence, — la dernière enfin, une Russe, figure un peu étrange que des amis empressés mettent le zèle le plus chaud à naturaliser et à populariser ? Mme de Staël n'est vue qu'à là dérobée et de profil dans ces lettres rassemblées sous le titre de *Coppet et Weimar*, qui ne sont pas sans doute les plus curieuses de celles qu'elle a laissées, qui la montrent uniquement dans ses relations avec une autre reine du temps, Mme Récamier, et avec une princesse allemande, la grande-duchesse de Weimar. Ce n'est qu'un coin du tableau de la société française et de la destinée de Mme de Staël elle-même dans les orages guerriers de l'empire. Mme Swetchine, une contemporaine d'hier, dont M. de Falloux a raconté tout d'abord la *Vie* et divulgué quelques fragments avant d'en venir à publier sa correspondance, laisse entrevoir dans ses *Lettres* une nature singulièrement compliquée d'une originalité tout intérieure. Quant à Mme de Sévigné, elle resplendit dans la liberté native de son génie, dans sa grâce de femme du monde supérieure et d'écrivain incomparable.

On aime les lettres en France, on les a toujours aimées, surtout celles des femmes qui ont un accent plus enjoué ou plus pénétrant. On aime les lettres, parce qu'elles sont comme le journal des secrets d'une société, et aussi parce qu'elles sont souvent la révélation familièrement saisissante d'une nature personnelle douée de vie et d'originalité. Malheureusement les lettres mêmes de Mme de Sévigné montrent ce qui arrive quelquefois de ces divulgations des confidences les plus intimes. Le premier qui les recueillit et les édita en 1734 et en 1754, le chevalier de Perrin, n'écoutant que le goût du jour et les inspirations de Mme de Simiane, petite-fille de Mme de Sévigné, corrigea, arrangea, supprima, si bien qu'après un siècle il a fallu une série de recherches et de travaux pour revenir au texte primitif en le complétant par ce qui était inconnu. Tous les éditeurs de lettres, même aujourd'hui, ressemblent plus ou moins assez souvent à ce chevalier de Perrin. Ils ne corrigent plus, il est vrai, par excès de purisme, comme on faisait au dernier siècle ; ils ont du moins des parties réservées, ils s'arrêtent au moment peut-être où la confidence allait devenir piquante. Ils ont les meilleures raisons sans doute, les convenances des familles, la peur de blesser des contemporains ; seulement le résultat bien clair, c'est que celui ou celle dont on divulgue ainsi les lettres intimes, sans subir une altération radicale, n'arrive au public qu'assez incomplètement. C'est bien le personnage, mais ce n'est pas tout le personnage ; c'est sa pensée et ce n'est pas toute sa pensée. Il y a une légère transfiguration ou des lacunes que le temps est chargé de dissiper ou de combler en remettant toute chose à sa place et dans sa lumière, même ces noms de femmes qui se succèdent clans l'histoire mondaine comme pour marquer les étapes de la société française.

Qu'elles s'appellent Mme de Sévigné et Mme de Staël ou même Mme Swetchine et Mme Récamier, qu'elles aient du génie ou simplement un esprit habile, elles représentent quelque chose dans notre monde, ces femmes que tout sépare, à n'observer que leur nature, que le hasard seul rapproche un instant en mêlant les livres qui parlent d'elles, et c'est assurément une-idée heureuse de commencer une collection des *grands écrivains de la France* par celle qui fut un grand écrivain sans le savoir, qui eut jusqu'à la perfection tous les dons français. Rien n'a manqué à Mme de Sévigné, ni la renommée retentissante, ni les commentateurs savamment et utilement minutieux, comme M. Walckenaer, ni les scoliastes, ni les adorateurs, ni les éditeurs intelligents depuis le chevalier de Perrin. Il ne lui manquait qu'une édition vraie, et complète de ses lettres. Cette édition va exister désormais. Elle a été préparée par M. Monmerqué, qui a passé sa vie à en rassembler les éléments ;

elle a été continuée par M. Adolphe Régnier, qui lui-même a eu des collaborateurs dans cette œuvre patiente, et enfin elle est entreprise par un éditeur expérimenté. Une copieuse biographie écrite par M. Paul Mesnard, auteur d'une *Histoire de l'Académie française*, est comme le prologue naturel et instructif de ce livre, où revit tout entier le plus charmant esprit.

Ce n'est pas que cette édition nouvelle fasse apparaître tout à coup une Sévigné inattendue ; c'est simplement une restitution de ce qui était inconnu, des passages supprimés, des tours de langage altérés ou corrigés. En un mot, c'est une Sévigné, non point nouvelle et différente de celle qu'on connaît, mais reparaissant dans sa spontanéité première, avec ses vivacités, ses abandons, ses négligences familières, ses hardiesses et quelquefois ses libertés de tout genre, dont s'effrayait le purisme du chevalier de Perrin. L'originalité de Mme de Sévigné est justement dans ce mélange de dons familiers qui n'ont rien d'un auteur, qui sont simplement les dons d'une nature supérieure se prodiguant sans effort. Elle ne raisonne pas et ne se perd pas dans la quintessence ; elle raconte, elle peint, elle cause dans ses lettres, reflet multiplié de sa souriante image, chronique légère de la cour et de la ville, tracée chaque jour d'une plume qui s'en va « la bride sur le cou. » Elle n'est elle-même que la première et la plus charmante figure parmi tous ces personnages qui se pressent dans sa correspondance et qu'on croit presque reconnaître pour les avoir vus : le bon abbé de Coulanges, son tuteur et l'administrateur de sa fortune, qui comptait et calculait si bien avec ses jetons ; l'obligeant d'Hacqueville, qu'elle appelait *les d'Hacqueville* pour caractériser son inépuisable empressement à se multiplier pour ses amis ; le petit Coulanges, ce bonhomme d'esprit et de jovialité qui a laissé des mémoires et qui avait suivi, dans son ambassade à Rome, le duc de Chaulnes, dont les dépêches seraient curieuses, même aujourd'hui ; , la jolie et spirituelle Mme de Coulanges, celle qu'on appelait *la Feuille, la Sylphide*, « la plus frivole et la plus légère marchandise que vous ayez jamais vue, » et Mme de La Fayette et M. de La Rochefoucauld, ses amis du *faubourg*, sans compter la belle et difficile Mme de Grignan, sa fille, son unique passion, et son fils Charles de Sévigné, cet aimable fou dont elle raconte les fredaines sans se gêner, et tant d'autres enfin qui ne font que passer, mais qui vivent.

Il est des femmes qui ont eu plus d'éloquence, plus de feu dans la passion ; d'autres ont eu une plus grande place dans le monde par le rôle qu'elles ont joué ; il en est qui ont été plus réellement des écrivains, dans le sens ordinaire du mot, comme l'auteur de *la Princesse de Clèves*. Mme de Sévigné, quant à elle, a le naturel d'une femme supérieure naissant dans la société d'une grande époque, heureuse de vivre et de se produire, et laissant partout comme une trace lumineuse. Née en 1626, laissée orpheline dès son enfance par la mort prématurée de son père, le baron de Chantal, et de sa mère, Marie de Coulanges, — veuve en 1652 après quelques années à peine d'une union mal assortie avec un mari batailleur et léger, qui allait se faire tuer dans un duel par le chevalier d'Albret, appelée par son rang à briller à la cour, tenant par le sang à sainte Chantal et à Bussy, à ces Rabutin, d'une physionomie un peu étrange, — mêlée à tout ce qui s'agitait autour d'elle, à la fronde, à Port-Royal, comme aux réunions mondaines et littéraires, Mme de Sévigné apparaît dès le premier moment comme une des plus séduisantes figures de ce siècle qui, plus que tout autre, fut le siècle des femmes, que Saint-Simon appelle le siècle « de la belle conversation et de la belle galanterie. » Tout le monde a tracé son portrait, Mme de La Fayette et Bussy, aussi bien que Somaize, dans le *Dictionnaire des Précieuses*, et l'auteur de *Clélie*, et partout elle est représentée de même, belle d'une beauté qui n'avait rien de régulier, avec ses paupières *bigarrées*, ses yeux bleus et pleins de feu, sa chevelure blonde, abondante et fine, son teint éclatant, et cette grâce spirituelle qui illuminait son visage, qui faisait dire que la joie était l'état véritable de son âme, qu'une seule personne comme elle tenait lieu d'une grande compagnie, selon le mot de la mère Agnès Arnaud. Le hasard lui avait donné dans sa jeunesse deux maîtres singuliers, Chapelain et Ménage, qui s'employèrent de leur mieux à lui enseigner l'italien, l'espagnol et même le latin ; mais ses deux grands maîtres, à vrai dire, furent la société de son temps et la nature. Par là elle est devenue ce génie charmant qui, à travers des élans d'éloquence familière, a surtout réussi à faire une chose classique de l'art de dire des riens. Mme de Sévigné écrit des lettres comme La Fontaine des *fables* ou Molière des comédies ; elle fait de sa correspondance tout un drame dont elle s'amuse elle-même, qui met son imagination en verve, et où son esprit se prodigue sans s'épuiser jamais, bien différente en cela d'une de ses contemporaines, d'une humeur plus sobre, Mine de La Fayette, qui lui disait : « Le goût d'écrire vous dure encore pour tout le monde ; il m'est passé pour tout le monde, et si j'avais un amant qui voulût de mes lettres tous les matins, je romprais avec lui. »

Jeune encore au moment de son veuvage, aimable, ayant le goût du monde et de tous les divertissements, Mme de Sévigné n'avait qu'à se laisser aller pour jouir de tous les plaisirs et de tous les succès. Elle eut évidemment beaucoup d'amis, beaucoup de liaisons, beaucoup de relations et même bon nombre d'adorateurs, dans un temps où la galanterie régnait : l'élégant comte du Lude, qui fut grand-maître de l'artillerie, un Breton, le marquis de Tonquedec, peut-être Turenne, le prince de Conti, Fouquet, le magnifique surintendant, qui cachait négligemment dans la fameuse *cassette aux poulets* quelques billets fort innocents de Mme de Sévigné, enfin le vaniteux et médisant Bussy, qui n'avait pas même attendu la mort du marquis de Sévigné pour essayer de faire son chemin auprès de sa spirituelle cousine. Le plus heureux, qui fut sans doute du Lude, n'alla pas bien loin, quoique Mme de Sévigné ne se défendît pas plus tard d'avoir eu du goût pour lui. Au fond, cette charmante personne aimait les galanteries comme un passe-temps ; elle avait plus de grâce vive et légère dans l'esprit que de puissance d'émotion dans le cœur, et à aucun moment sa nature ne semble avoir été portée aux grandes passions. Elle avait l'âme facile, ouverte, ne dédaignant pas les conquêtes, ne les décourageant pas du moins, pour s'échapper toujours en riant, et je ne sais trop s'il n'y a pas quelque pointe d'ironie dans ce que Mme de La Fayette disait d'elle, sans intention méchante assurément : « Vous êtes la plus civile et la plus obligeante personne qui ait jamais été, et par un air libre et doux qui est dans toutes vos actions, les plus simples compliments de bienséance paraissent dans votre bouche des protestations d'amitié, et tous les gens qui sortent d'auprès de vous s'en vont persuadés de votre estime et de votre bienveillance, sans qu'ils se puissent dire à eux-mêmes quelle marque vous leur avez donnée de l'une et de l'autre. » Ce jeu de grâce et d'obligeance universelles ressemble singulièrement à la coquetterie d'une nature plus vive et plus enjouée que profonde, qui a besoin de plaire, qui *aime d'être aimée*, selon le mot de Bussy, et dont l'essence légère est l'agrément.

Il n'y a qu'une passion dans la vie de Mme de Sévigné, c'est celle qu'elle ressent pour sa fille, et dont elle multiplie l'expression. C'est sa grande affaire de cœur, son originalité, son attitude en quelque sorte, et on ne peut mieux la représenter dans ce rôle de jeune mère mondaine que par cette gracieuse rencontre dont l'abbé Arnaud, le frère d'Arnaud de Pomponne, a fixé le souvenir dans ses mémoires. « Il me semble que je la vois encore, dit-il, telle qu'elle me parut la première fois que j'eus l'honneur de la voir, arrivant dans le fond de son carrosse tout ouvert, au milieu de monsieur son fils et de mademoiselle sa fille : tous trois tels que les poètes représentent Latone au milieu du jeune Apollon et de la petite Diane, tant il éclatait d'agréments et de beauté dans la mère et dans les enfants. »

Chose étrange, de ces deux enfants entre lesquels on la voit tout d'abord apparaître, celui que Mme de Sévigné préfère, qui a toute son adoration enthousiaste, c'est sa fille, *la plus jolie fille de France*, Mme de Grignan, qui, après avoir brillé à la cour dans les ballets des *Arts et des Amours déguisés*, allait régner en Provence avec son mari, alors lieutenant du roi, à la place du duc de Vendôme. Partout où est Mme de Sévigné, à Paris, à Livry, aux *Rochers*, sa première pensée est pour sa fille, qui est toute sa vie, son orgueil, son culte. Charles de Sévigné, son fils, s'efface un peu entre cette sœur préférée et cette mère incomparable. Et pourtant il vaut peut-être mieux, à tout prendre, que Mme de Grignan ; il a une physiono-mie plus attrayante dans le demi-jour où il est resté. C'était, à la vérité, un incorrigible coureur d'aventures, faisant son éducation avec Mlle de Lenclos, qui l'appelait pour sa froideur « une vraie citrouille fricassée dans la neige, » passant de Ninon à.la Champ-meslé, qui n'en était pas plus contente, et à bien d'autres, il fit tant de folies ! Malgré tout, c'était lui qui ressemblait le plus à sa mère, et qui l'aima le plus sans doute. Comme elle, il avait de la facilité, de l'enjouement, une vivacité naturelle. Saint-Simon a dit de lui que c'était moins « un homme d'esprit que d'après un esprit. » Il amu-sait sa mère, qui retrouvait en quelque sorte sa propre image en lui, et quand il était avec elle aux *Rochers*, il lui lisait un chapitre de Rabelais, des romans ou des comédies. Charles de Sévigné servit comme guidon, puis comme sous-lieutenant à la compagnie des gendarmés-dauphin, et fit la guerre honnêtement, c'est-à-dire bravement, mais sans goût, sans ambition. Ce bizarre jeune homme était d'humeur indépendante, n'aspirait qu'à se retirer en Bretagne, fuyait la cour, et au grand scandale de Mme de Sévigné et de Mme de Grignan, il trouvait que les honneurs étaient des chaînes. Il finit singulièrement : il se réfugia dans la dévotion, après avoir enfin réalisé son vœu de se retirer et de se marier en Bretagne. Le monde d'alors retentissait des préférences enthousiastes de Mme de Sévigné pour sa fille. Quant à lui, il n'éprouva jamais un mouvement de jalousie, et on sent je ne sais quelle délicatesse supérieure dans sa conduite après la mort de sa mère, lorsqu'on en vint à des arrangements de famille. Mme de Sévigné avait laissé au lieutenant civil Le Camus des papiers qui assuraient des avantages à Mme de Grignan. Bien loin de se plaindre, Charles de Sévigné écrivit à sa sœur une lettre d'une noblesse singulière : « Je suis très content, disait-il, de ce que ma mère a fait pour moi… Quand il serait vrai qu'il y aurait eu dans son cœur quelque chose de plus tendre pour vous, croyez-vous, en bonne foi, que je puisse trouver mauvais qu'on vous trouve plus aimable que moi ?… N'est-ce pas une consolation pour nous, en nous aimant tendrement par inclination comme nous faisons, que nous obéissions à la meilleure et à la plus tendre des mères ? » Façon touchante de se montrer digne d'une telle mère, en respectant jusqu'au bout, jusque dans la mort, un sentiment passionné qui fut l'inspiration dominante de Mme de Sévigné, et qui remplit de son intensité, de ses tourments, de sa fécondité ingénieuse, une correspondance infinie !

Ce qui fait le charme de Mme de Sévigné, agitée par sa passion de mère, entraînée dans le tourbillon de son temps, toujours partagée entre Paris, la Provence et les *Rochers*, c'est qu'à toutes les heures et dans toutes les circonstances, elle est réellement une femme dans le sens le meilleur, non par ce qu'elle a quelquefois de frivolement féminin, mais par ce je ne sais quoi d'humain, de vivant, de vrai, qui échappe aux fadeurs et aux affectations du jour, comme aux préjugés des sectes ou des coteries, qui se révèle dans un éclair d'émotion, dans une saillie de raison ou de bonne humeur, ou même dans quelque franche gaillardise lancée en toute honnêteté. Voulez-vous avoir dans une mesure supérieure et exquise la femme telle que l'a formée le XVIIe siècle, qui n'est ni prude, ni débauchée, ni héroïne de parti, ni indifférente, ni libertine d'esprit, ni dévote, ni précieuse, ni importante, qui est tout simplement une femme avec la sève, l'éclat et la grâce d'une grande époque ? C'est Mme de Sévigné. Parce qu'elle aime ses chers *messieurs* de Port-Royal, parce qu'elle a du goût pour leurs personnes et pour leurs écrits, il ne faut pas voir en elle une janséniste bien décidée. L'attrait qu'a pour elle cette religion d'hommes supérieurs persécutés ne lui en impose pas absolument. Au plus fort des disputes sur la grâce, elle disait : « Épaississez-moi un peu la religion, qui s'évapore toute à force d'être subtilisée. » Elle ne se donne pas pour plus dévote qu'elle n'est. « Je me promène, écrit-elle uni jour, j'ai des livres, *j'ai l'église*, car vous savez les bonnes apparences que j'ai. » Et ailleurs. « Une de mes plus grandes envies, c'est d'être dévote… Je ne suis ni à Dieu ni au diable ; cet état m'ennuie, quoique entre nous je le trouve le plus naturel du monde. On n'est point au diable parce qu'on craint Dieu et qu'au fond on a un principe de religion ; on n'est point à Dieu aussi parce que sa loi est dure et qu'on n'aime point à se détruire soi-même. Cela compose les tièdes dont le grand nombre ne m'inquiète point du tout ; j'entre dans leurs raisons. Cependant Dieu les hait ; il faut donc en sortir, et voilà la difficulté. »

La vertu même de Mme de Sévigné est très vraie, très humaine et charmante ; elle n'a rien de maussade et de guindé. L'aimable personne ne se surfait pas, elle ne se défend pas d'avoir eu quelquefois le cœur ému, d'être sensible à la belle galanterie, et comme elle est bonne avec toute sa malice native, elle pardonne vite à ceux-là mêmes qui lui font du mal : — à Bussy, qui avait livré à tous les commentaires indiscrets le portrait mis dans l'*Histoire amoureuse des Gaules* ; à Fouquet, qui avait laissé dans sa compromettante cassette quelques billets qu'il avait reçus d'elle. Avec Bussy, elle se venge le plus plaisamment du monde, en forçant le médisant personnage à s'humilier devant elle, à déposer les armes, et puis elle reste plus que jamais son amie, car elle a du goût pour ce Rabutin, qui est de sa famille, avec qui elle se sent des affinités d'esprit. Avec Fouquet, elle ne se venge pas ; elle suit d'un intérêt ardent, toutes les péripéties du procès du surintendant, du « cher ami ; » du « cher malheureux. » Elle cherche à se trouver sur son passage et en le voyant elle a le cœur saisi. Sentiment tendre survivant ou générosité, ce n'est point certes d'une femme vulgaire d'épouser si chaudement la cause du disgracié. Pour de la coquetterie, Mme de Sévigné en a sans doute dans sa manière d'entendre la vie, mais avant tout elle est vraie de cette vérité qu'elle porte partout avec elle, comme le signe d'une nature exquise et abondante faite pour tout comprendre et pour tout sentir.

Est-elle à Paris, elle se plaît au mouvement du monde ; elle est à l'aise au milieu de tous ces bruits de cour, dont elle est l'écho familier et piquant ; elle s'intéresse aux modes ou à un sermon de Mascaron, aux aventures de M. de Lauzun, à la goutte de M. de La Rochefoucauld ou aux distractions de M. de Brancas. Il n'est pas de mondaine plus affairée. Est-elle à Livry un jour de semaine sainte, le cœur encore serré du départ récent de sa fille, elle se replie un instant en elle-même, et elle rend en quelque sorte visible cette heure furtive de recueillement. « J'ai trouvé de la douceur dans la tristesse que j'ai eue ici, écrit-elle, une grande solitude, un grand silence, un office triste, des *ténèbres* chantées avec dévotions, un jeûne canonique et une beauté dans ces jardins dont vous seriez charmée. Tout cela m'a plu... » Est-elle aux *Rochers*, elle a l'impression soudaine de cette vie plus libre de la campagne, comme aussi des ridicules provinciaux, de la rude nature de cette « immensité de Bretons, » parmi lesquels il y a pourtant des gens d'esprit. Les *Rochers* lui plaisent. « Combourg n'est pas si beau, » dit-elle ; Combourg, c'est le château où s'écoulera l'enfance de Chateaubriand. On l'a, il est vrai, accusée d'être bien grande dame, de parler d'un ton bien leste des *penderies* de ces pauvres Bretons qui se font tuer pour maintenir leurs droits, pour se défendre contre des édits ruineux. C'est une légèreté de langage qui cache au fond un sentiment réel de « la tristesse et de la désolation de toute la province. » Elle a des moments d'indignation contre les soldats qui massacrent jusqu'à des enfants, et elle s'écrie : « Me voilà bien Bretonne ! » Elle n'est pas bien Bretonne peut-être, mais elle a ce « quelque chose de plus » dont elle parle, qui est un sentiment humain au spectacle des misères d'une province, et elle retrouve parfois comme un éclair des libertés de la fronde contre les gouverneurs chargés de réduire la Bretagne.

Voulez-vous enfin connaître Mme de Sévigné dans ses sympathies d'esprit, dans ce qu'on pourrait appeler son instinct littéraire, dans ses lectures familières ? Le sens qu'elle a des choses de l'intelligence est divers comme sa nature. Ne pouvoir lire que cinq ou six ouvrages sublimes, c'est, à son gré, avoir l'esprit trop délicat et trop dégoûté. Elle aime M. Nicole, qu'elle trouve de la même *étoffe* que Pascal, et elle se fait lire de temps à autre quelque chapitre de Rabelais, qu'elle savoure ; elle recommande à sa fille les *Contes* de La Fontaine. Tacite lui plaît et le Tasse l'enchante. Elle aime surtout les romans. « La beauté des sentiments, dit-elle, la violence des passions, la grandeur des événements et le succès miraculeux des redoutables épées, tout cela m'entraîne, comme une petite fille. » Et si on lui objecte le danger des lectures romanesques, elle répond avec assurance : « Vous n'aimez pas les romans, et vous ayez fort bien réussi. Je les aimais, et je n'ai pas trop mal couru ma carrière. Tout est sain aux sains… Quelquefois il y en a qui prennent un peu les choses de travers ; mais elles ne feraient peut-être guère mieux quand elles ne sauraient pas lire. Ce qui est essentiel, c'est d'avoir l'esprit bien fait. »

Un esprit bien fait, une nature saine se jouant en mille diversions piquantes, un mélange de raison et d'imagination, de sensibilité et de grâce légère, de badinage et d'éloquence soudaine, de raffinement et de hardiesse, c'est là en effet Mme de Sévigné tout entière. C'est de cette multitude de dons que se compose un talent unique, et cette vive originalité se déploie avec délices, au courant de la plume, dans cette succession de lettres où tout passe, où tout s'anime, où tout se colore d'un trait rapide. On a fait de Mme de Sévigné un classique, et c'était juste assurément, mais c'est un classique comme Molière et La Fontaine. Elle n'est pas de la seconde partie du règne de Louis XIV, où déjà tout se guinde, où se dégage un type de correction et de discipline ; elle est de la première moitié du siècle qui garde encore la sève du siècle antérieur, et c'est ce qui explique ces libertés de langage, ces étranges confidences sur les amours de son fils, ces largeurs d'expression, ces négligences familières qu'on a voulu corriger, atténuer ou élaguer pour ne pas compromettre la grande dame du temps de Louis XIV, mais qui reparaissent dans l'édition nouvelle, et qui en reparaissant ne font que mieux montrer cette riche nature, cette humanité ondoyante et libre d'une femme dont le génie, fleurissant en pleine société polie, a ses racines dans le vieux sol de notre patrie.

Voir le monde, le peindre et se peindre soi-même, c'est à cela que Mme de Sévigné passe sa vie pendant cinquante ans, gardant jusqu'au bout cette verve étincelante d'une imagination spontanée et heureuse, et cette originalité charmante d'une nature saine jusque dans ses hardiesses. Le monde s'est évanoui ; ce type de grâce est resté comme le produit le plus exquis d'un grand siècle, comme une des expressions les plus séduisantes de cette puissance des femmes qui se transforme sans être emportée par les révolutions. Changez les temps en effet : cette puissance s'exerce dans des conditions différentes, elle prend d'autres figures, d'autres noms, et même, dans une société aussi prodigieusement renouvelée que la nôtre, elle a encore sa place ; elle s'appellera Mme Récamier ou Mme Swetchine, après s'être appelée au commencement du siècle du nom de Mme de Staël, cette intelligente et énergique proscrite de l'empire, qui représente si bien l'alliance de la littérature, de la politique et de l'esprit mondain. Je ne veux point dire que Mme Récamier et Mme Swetchine ont recueilli tout entier cet héritage, qu'elles égalent Mme de Sévigné ou Mme de Staël ; elles ont cela de curieux que, dans un monde assez bouleversé par les événements et assez confus, elles ont été deux très exceptionnelles personnifications contemporaines de cette influence sociale des femmes, et comme tout se hâte de nos jours, elle ont eu à peine fermé les yeux qu'elles ont eu une légende, des historiens, des commentateurs. Il y a quelques années de cela, on ne connaissait pas Mme Swetchine ; son nom était sans écho hors des régions où elle vivait. Elle est connue aujourd'hui, ou du moins son nom, ses actions, ses fragments, ses notes, ses confidences intimes, sont livrés comme un mystère provoquant à la curiosité du monde. Elle a trouvé en M. de Falloux son hagiographe, son chevalier de Perrin, empressé à recueillir et à divulguer ses lettres. Elle n'est pas célébrée seulement pour ses vertus, pour sa piété austère et pour tout ce qu'elle a le respectable, mais encore pour son intelligence et pour la supériorité de son esprit. C'est tout à la fois une sainte et une mondaine qui en un instant passe de l'obscurité au rang des écrivains, et comme pour ajouter à tout ce que ce phénomène a d'inattendu, cette émule de Mme Récamier dans l'administration d'un salon, cette rivale de Mme de Sévigné dans l'art d'écrire des lettres, est une étrangère, une grande dame de Russie transformée en personnage public de notre vie sociale depuis plus de trente ans.

Ce n'est point assurément la marque d'une femme vulgaire d'avoir su attirer tant d'amitiés illustres, d'avoir réussi à inspirer une grave et affectueuse estime à des esprits tels que Tocqueville, d'avoir été souvent un conseil, un guide, un lien dans une société où elle était une étrangère, et de laisser en mourant de si pieux regrets à ceux qui l'ont connue. Mme Swetchine a vu se réaliser pour elle ce rêve de beaucoup de femmes, qui est de régner, d'avoir de l'influence, de gouverner un entourage qu'un attrait sérieux forme d'abord, que la mode vient grossir bientôt. Elle a goûté les douceurs d'un succès qu'elle dut à mille causes diverses, et qui se change en retentissement après elle par des causes plus diverses encore. Je ne sais pourtant si je me trompe : peut-être M. de Falloux eût-il montré un respect plus intelligent de cette mémoire en la laissant dans ce demi-jour qui était son cadre naturel, en multipliant un peu moins les *illustrations* et les exhumations. Vue dans ce demi-jour ou ravivée d'un trait rapide, cette figure morale eût gardé tout son prestige, doublé par le mystère ; elle n'eût éveillé que l'idée vague d'une personne dont l'influence supposait des qualités élevées. En allant plus loin et en soulevant le voile de la vie privée, en faisant en un mot de Mme Swetchine un personnage de l'histoire, M. de Falloux met sans doute en lumière des mérites éminents de charité : il intéresse au travail intérieur d'une âme douée des instincts les plus complexes, aux subtilités ingénieuses d'une intelligence tourmentée ; mais en même temps il risque de provoquer une curiosité plus libre et plus indiscrète, si bien qu'à voir ces fragments, ces pensées et ces *lettres* qui se succèdent, sans compter les traités de philosophie chrétienne et les notes théologiques, on finit par se demander si le bruit qui s'est fait autour du nom de Mme Swetchine est réellement en rapport avec la valeur de celle qui écrivait ou qui régnait dans son salon, si en la célébrant on ne se célèbre pas un peu soi-même, et si la réalité ne se transfigure pas dans la légende. On se demande après tout si cette popularité un peu artificiellement retentissante ne ressemble pas à ce dieu de la philosophie allemande qui serait le produit des imaginations humaines. L'esprit de secte ne fait pas dieu qui se moque de la philosophie allemande ; mais il peut faire quelquefois des renommées écloses dans un cercle d'initiés, et qui, en paraissant au grand jour, s'évanouissent ou s'atténuent singulièrement dans l'atmosphère de tout le monde.

Ce qui est certain, c'est que malgré ses lettres Mme Swetchine diffère de Mme de Sévigné autant que l'époque où nous vivons diffère du XVIIe siècle, et même plus encore ; elle en diffère par l'origine, par l'esprit et surtout par la nature, si vive et si abondante chez l'une, tourmentée et tendue chez l'autre. Elle n'a rien de ces femmes privilégiées qui entrent sans effort, par le seul ascendant de la beauté et de l'intelligence, dans leur rôle d'influence et d'action sociale. Quelque chose de contraint et de refoulé semble se cacher en elle sous l'apparence d'une grâce qui s'observe. Quand elle vint en France la première fois en 1817, elle avait déjà dépassé la jeunesse, elle avait trente-quatre ans ; elle était née à Moscou en 1782, elle avait grandi dans cette cour où se mêlaient si singulièrement la licence de Catherine, le capricieux et sombre despotisme de l'empereur Paul et les influences philosophiques de la France. C'était une grande dame russe, qui était fille de M. Soymonof, secrétaire intime de l'impératrice Catherine, que son père avait mariée avec le général Swetchine, un des grands dignitaires de la cour bientôt tombé en disgrâce, et que l'arrivée de Joseph de Maistre en Russie ne contribuait pas peu à incliner au catholicisme. Mme Swetchine eut-elle réellement une de ces adolescences extraordinaires et prédestinées ? Ici déjà, ce me semble, on voit commencer ce procédé de transfiguration un peu déclamatoire que M. de Falloux aime à employer. Que Mme Swetchine, dans son enfance, aime à jouer avec des poupées et qu'elle se plaise à les faire parler, à imaginer entre elles de petits drames, son biographe y voit « le prélude de la morale et de la connaissance du monde. » Que M. de Falloux ait à rappeler un mot soldatesque de Suvarof, disant qu'il avait toujours sous sa tente un coq prompt à le réveiller, et que lorsqu'il voulait dormir commodément, il ôtait un de ses éperons, on arrive aussitôt à cette conclusion assez imprévue, que ces paroles, « Mme Swetchine devait bientôt les transporter de l'héroïsme guerrier dans l'héroïsme chrétien. » La vérité est qu'avec une éducation française comme l'était à cette époque toute éducation en Russie, avec une honorable dignité de mœurs et une réelle habileté à se contenir, à se conduire, dans une cour où la disgrâce suivait de près la faveur, Mme Swetchine était une personne intérieurement agitée d'une indéfinissable inquiétude, douée d'une ardeur d'esprit qui cherchait partout un aliment. Elle n'aima jamais Voltaire, assure M. de Falloux ; mais les *Nuits* d'Young la reportaient souvent

« dans une situation d'esprit agréable. » Elle lisait tout, annotait tout, et même recopiait tout ce qui la frappait ; elle a laissé trente-cinq volumes d'extraits et de notes ! C'est, je crois, son caractère essentiel et son mérite moral d'avoir été toujours dévorée de cette activité intérieure, et de n'avoir jamais connu le repos, même dans une foi définitive.

Un jour, dans une de ces heures d'anxiété où elle recherche quel dieu elle doit adorer, elle se retire tout à coup à la villa Bariatinski, sur le golfe de Finlande, et là elle se met à lire Fleury, Bossuet, les actes des conciles œcuméniques, l'histoire de Photius, tout ce qui touche à la foi, au christianisme naissant, à la séparation de l'église grecque et de l'église latine, à la primauté du pontificat romain. Le comte de Maistre, déjà son ami, la raille de cette fureur d'édification intellectuelle, et lui dit qu'elle n'arrivera pas par ce chemin. Elle lit tout, et de cette épreuve elle sort catholique. Ce fut très heureux assurément, et la grâce dut venir par surcroît. Je ne parle plus de la religion ; mais on comprend ce que devient, sous cet amas de lectures, d'extraits, de surexcitations, le naturel d'une femme en qui toutes les complications et tous les contrastes se rencontrent, qui parle l'allemand, l'anglais, l'italien, en étudiant en même temps le latin, le grec et l'hébreu, qui va s'absorber clans l'intensité des méditations religieuses sans abdiquer le goût du monde et va s'essayer à devenir Française sans cesser d'être Russe. C'est alors en effet, après cette conversion au catholicisme, que Mme Swetchine, d'ailleurs enveloppée dans une recrudescence de disgrâce qui atteignait son mari, et peut-être un peu suspecte elle-même malgré son orthodoxie politique, quitte la Russie pour venir en France, recommandée par M. de Maistre, sûre de trouver dans la faveur à Paris des amis qu'elle avait connus dans l'émigration à Pétersbourg, et arrivant, comme le dit M. de Falloux, « à la date politique qui pouvait le mieux correspondre à l'état de son esprit. » On était en 1817. À dater de ce moment, Mme Swetchine entre dans la société française ; elle devient tout d'abord une des hôtes du salon de Mme de Duras, qui l'avait accueillie avec effusion, et bientôt elle a elle-même son salon, où elle sait attirer et retenir la plus grande compagnie, des femmes élégantes, des diplomates, des savants, des lettrés. Je ne sais si le monde alla tout naturellement à Mme Swetchine ; mais elle sut aller au monde, fondant ainsi en pleine restauration une influence qui n'a fait que grandir depuis, qui a traversé trois ou quatre régimes, et qui est arrivée réellement à son apogée après la révolution de 1848. Cette influence, qui s'est exercée pendant trente ans, et qui a sa légende aujourd'hui, fut-elle l'œuvre du charme personnel, d'une puissance irrésistible de séduction ou de l'ascendant d'un esprit supérieur ? Il faut y joindre assurément de la finesse, une grande habileté à manier les amours-propres, cette faculté essentiellement russe de s'assimiler les choses les plus diverses et ce fonds un peu banal de bienveillance universelle que Mme Swetchine dévoilait le jour où elle écrivait. « La bienveillance générale a été le roman de la seconde partie de ma vie. Quand on n'espère plus vivre sans interruption dans une seule âme, il n'est pas trop de toutes pour remplir cette seule-là. Il n'y a rien de si commun que de suppléer par le nombre à la qualité. » On ne saurait mieux avertir beaucoup de ceux qui ne croyaient pas être *du nombre* dans les attentions de cette femme distinguée.

Trente ans de la vie de Mme Swetchine se passent à faire marcher ensemble le mouvement du monde et une sorte d'ascétisme chrétien, à concilier les difficultés d'une existence désormais fixée en France et toujours suspendue à la volonté d'un maître qui était à Pétersbourg, à se mêler au courant de nos destinées sans s'y confondre, à lutter sous une apparence de calme. Au milieu d'une telle vie, tout occupée de charité et de politique, de prosélytisme et de choses de l'esprit, ce qui manque à cette grande dame russe, c'est justement ce naturel dont je parlais, ce qu'on peut appeler le naturel féminin, ce je ne sais quoi qui fait d'une femme un être vrai et humain par sa façon de sentir, par ses passions et même par ses faiblesses. Mme de Sévigné a la passion de sa fille. Mme de Staël a bien aussi cette flamme de l'être vivant qui tient par mille liens à l'humanité. Mme de Duras elle-même, dont les ingénieuses et piquantes lettres sont l'agrément du livre de M. de Falloux, a le naturel féminin, lorsqu'elle écrit d'une plume agitée et rapide : « Je suis dans mes grands noirs… N'est-ce pas déplorable d'être dans cet état où le bien-être dépend d'un rien, d'un souffle ? Trouvez-moi un remède à ce mal. Je sais bien ce que vous me direz : C'est vrai ; mais ce point d'appui, il faudrait, pour l'embrasser, toute la force qu'il donne, ce que je n'ai pas… » Il en est autrement de Mme Swetchine. Ce n'est pas qu'elle ne soit douée d'une surprenante activité d'âme. Elle le dit elle-même. « Quand vous me demandez : Avez-vous éprouvé cela ? comprenez-vous ceci ? soyez sûr qu'avec la plus parfaite vérité je puis vous dire oui. En fait de sentiments, de pensées portant sur les affections et les passions humaines, j'ai parcouru un cercle immense et creusé jusqu'aux antipodes… Je ne trouve point incompréhensible ce que les gens qui n'ont vécu que dans le mouvement des choses extérieures ne peuvent expliquer… C'est dans l'enceinte de mon propre cœur que j'ai appris à connaître celui des autres, et la seule connaissance de moi-même m'a donné la clé de ces énigmes innombrables qu'on appelle les hommes… » Elle se montre elle-même comme détachée d'un soleil ardent et travaillant depuis des années à se refroidir ; mais en réalité, dans l'ordre des affections terrestres, on ne voit pas ce qui occupe cette âme. On dirait une activité solitaire sans aliment, une roue qui tourne perpétuellement dans le vide, et, à défaut d'affections humaines, cette ardeur, tournée vers la religion, devient un mysticisme subtil. C'est, à vrai dire, moins une femme dans le sens ordinaire qu'une façon de mère de l'église exerçant pour elle-même comme pour les autres, au dehors comme dans son salon, le ministère de la parole spirituelle, de la prédication quotidienne. C'est une directrice des consciences, et sous ce rapport ses lettres sont réellement d'une psychologie pénétrante, d'une casuistique très fine, très aiguisée. Elle excelle à juger les cas mondains, à décomposer les nuances les plus insaisissables de la vie morale, en un mot à couper un cheveu en quatre, si bien que Mme de Sévigné lui eût dit peut-être : « Épaississez-moi un peu la religion, qui menace de s'évaporer toute à force d'être subtilisée. »

Figurez-vous au milieu du monde, sous l'élégance grave et simple du vêtement, une femme catéchisant, travaillant à la conversion du pécheur, encourageant les uns, retenant les autres, toute mêlée à la politique de la religion. C'est un peu Mme Swetchine. Sa grande affaire, c'est de savoir quelle sera la position du successeur de M. de Quélen à l'archevêché de Paris, comment M. Dupanloup prendra cela. Son chagrin, c'est qu'un jésuite, le père D…, ait fait défection « Voilà ce que j'appelle du vrai nom de chagrin, dit-elle, chagrin aride, désolé, et qui porte une sorte de ravage au fond des âmes… » Et les journaux religieux, elle ne les oublie pas non plus. — Se font-ils la guerre ? se divisent-ils ? , comment peut-on les faire vivre ? —

On lui lit des articles qui vont paraître. Quoi donc encore ? Cette personne active ne dédaigne pas même de s'occuper du moral de notre armée, et elle fait remettre de petits livres de dévotion à un jeune soldat, à un caporal qui « aime Lacordaire, et dit le chemin de la croix par là-dessus. » Je ne sais si je me trompe, mais il me semble que cette continuité de préoccupation intérieure a de la monotonie et n'est pas précisément l'idéal de l'agrément. Jusque dans l'enjouement de Mme Swetchine il y a du sermon, et on se la représente assez dans son salon portant une robe grise, sans beauté, puisqu'elle n'en eut jamais, ayant la parole d'abord un peu embarrassée, comme on le dit, puis bientôt insinuante, ne craignant nullement d'étendre ses relations au risque de les rendre incohérentes, et passant quelquefois en revue les jeunes femmes élégantes qui viennent défiler devant elle avant d'aller au bal, tandis que derrière le salon est un oratoire où veille une lampe à côté du saint-sacrement : image singulière du caractère même de la personne qui parvenait à concilier tant de choses diverses ! Mélange curieux et assurément nouveau d'édification et de vie mondaine, d'ascétisme intérieur et de recherche sociale !

Mme Swetchine, dans la carrière qu'elle s'était faite, dut nécessairement se trouver en contact avec quelques-unes des femmes qui ont joué un rôle dans notre société contemporaine, et qui, avant elle ou auprès d'elle, ont été le lien d'un certain monde choisi. Ce serait peut-être une chose curieuse de savoir quel genre d'impression elle ressentait pour ces femmes et ce qu'elle leur inspirait. Il dut y avoir toujours une certaine réserve cachée comme entre personnes qui ont le même rôle et le même goût de royauté mondaine. Mme Swetchine, à sa première arrivée en France, n'inspira que du goût à Mme de Duras, qui l'accueillit avec une effusion communicative, voyant déjà en elle un de ces directeurs privilégiés à qui une âme délicate et troublée peut tout dire, même ses plus secrètes superstitions. La rencontre fut peut-être un peu plus vive au premier instant, lorsqu'au lieu de Mme de Duras ce fut Mme de Staël ou Mme Récamier. Ici évidemment il y a un choc secret, s'il y eut plus tard émulation de politesse et de grâce. Un jour, vers 1818, Mme Swetchine se trouva avec Mme de Staël à un dîner donné par la duchesse de Duras pour les réunir. Pendant tout le repas, la grande dame russe se tut et leva à peine les yeux. Quand le dîner fut fini, Mme de Staël s'avança vers elle et lui dit : « On m'avait assuré, madame, que vous aviez envie de faire connaissance avec moi ; m'a-t-on trompée ? — Assurément non, répondit Mme Swetchine ; mais c'est toujours le roi qui parle le premier. » Cette flatterie ne laissait pas de cacher quelque fierté. D'ailleurs Mme Swetchine, on le voit par ses notes, avait eu l'occasion d'exprimer bien antérieurement sur Mme de Staël des opinions qui, en se ressentant de la fascination universelle de cette brillante renommée, ne décèlent pas une bien vive sympathie. Tout était contraste en effet entre ces deux natures si peu faites pour s'entendre. Quant à Mme Récamier, ce fut à Rome, en 1824, que Mme Swetchine la rencontra pour la première fois, et avant de la connaître, l'impression n'a certes rien de cordial, car elle écrit : « Le duc de Laval est de tout (*ici*), Mme Récamier n'est de rien et paraît préférer sincèrement la vie retirée. Je ne crois pas qu'elle ait visé à l'effet, et c'est heureux, sa beauté et sa célébrité étant sur le déclin. Les débris ne font guère de sensation dans un pays de ruines. Il semble que, pour être attiré à elle, il faut la connaître davantage, et après de si brillants succès rien assurément ne saurait être plus flatteur que de compter presque autant d'amis qu'autrefois d'adorateurs. Peut-être cependant, sans que je veuille ôter à son mérite, que si elle avait aimé une seule fois, leur nombre à tous en aurait été considérablement diminué. La passion, exclusive de sa nature, atteint bien plus encore la vanité de ceux qui espèrent que leur sensibilité. »

Le portrait est d'une finesse piquante, tel que pourrait presque le tracer une rivale à la main sûre : il resterait à connaître l'impression de Mme Récamier sur Mme Swetchine à cette même époque ; mais ces deux femmes d'élite se rapprochèrent bientôt et ne furent plus désormais que deux émules se partageant l'empire de la société polie, au lieu de se le disputer. Et puis Mme Swetchine était bien sévère en reprochant à Mme Récamier cette coquetterie habile qui savait transformer des adorateurs en amis, et n'avait une cour si nombreuse que parce qu'elle n'avait jamais été touchée d'une passion unique, car enfin elle-même, qu'était-elle, dans un autre ordre, si ce n'est une Mme Récamier plus métaphysique et plus tourmentée, avec la beauté de moins, avec la dévotion de plus, pratiquant sous une autre forme ce même art d'attirer, de gagner, de réunir des personnes souvent étonnées de se trouver ensemble, et entre lesquelles elle était l'unique lien ? Il y avait l'oratoire derrière le salon et l'édification de plus chez Mme Swetchine. C'est là la grande différence, puisqu'on ne voit pas que l'une mette moins de zèle que l'autre dans « ce travail et cette occupation des petites choses » que Mme de Duras déclarait nécessaires pour ce qu'elle appelait le rôle d'une *leader* du grand monde.

Dans notre France, si accueillante, si sympathique, si prompte à donner droit de cité à l'esprit, de quelque contrée qu'il vienne et sous quelque forme qu'il apparaisse, Mme Swetchine ne fut pas une Française de plus, comme on le dit ; ce fut toujours et malgré tout une grande dame russe, à l'esprit cosmopolite et à l'imagination mystique, comme beaucoup de ses compatriotes, possédant une assez considérable fortune pour tenir une maison, aimant la Russie en la fuyant, et vivant en France sans aimer nos idées. Plus d'une fois, on le voit par les lettres de sa jeunesse, elle a des sévérités dédaigneuses, non-seulement pour Napoléon au temps de l'empire, ce qui s'expliquerait, mais pour le fond même du caractère français au moment de la restauration, qui est pourtant son idéal. « Pour les Français, écrit-elle lestement en 1815, changer, c'est rester les mêmes ; ils sont retournés aux bons principes à peu près comme le bourgeois gentilhomme faisait de la prose. Et quand La Fontaine terminait une de ses fables par : *Vive le roi ! vive la ligue !* il exprimait bien moins sa propre insouciance que la mobilité de ses compatriotes… » Et plus tard, lorsqu'elle est depuis longtemps établie à Paris, après 1830, on trouve un mot qui peut sembler étrange, venant d'une Russe. « En France, dit-elle, ce que l'on compromet le moins, c'est son amour-propre et son argent ; le reste est marchandise légère… » Intéressée au mouvement de nos révolutions, parce qu'elle vit au milieu d'elles, observatrice piquante tant qu'elle se borne à décrire des situations ou des illusions de partis, Mme Swetchine n'a nullement le sens de la société moderne à laquelle elle est venue demander un asile. Elle n'entre pas dans notre esprit ; elle l'avoue elle-même, elle n'oublie pas « qu'elle est Russe au milieu de Français, » et ce n'est pas sans raison qu'à son impartialité universelle et à sa manière d'arranger toutes choses on répondait quelquefois par un mot qui la froissait, au dire de M. de Falloux : « Vous ne pouvez comprendre cela, vous êtes étrangère. » Ce qu'elle aime en France, c'est la sécurité pour sa vocation religieuse, c'est la facilité de la vie, c'est cette grande scène offerte à son activité, c'est la liberté de prier dans son oratoire et de recevoir dans son salon une société choisie, et elle s'attache si bien à ses habitudes qu'elle ne pourrait les rompre sans déchirement. Tel est le combat qui se livre dans son âme, que la pensée seule de rentrer dans cette Russie qu'elle aime, qui est sa patrie, est une obsession, une terreur pour elle.

Elle fut pourtant un jour menacée d'être rappelée par ordre. Liée depuis longtemps avec Mme de Nesselrode, elle avait pu d'abord se soustraire à l'obligation de rentrer, imposée à tous les Russes après la révolution de 1830. Des rapports malveillants éveillèrent sans doute les ombrages de l'empereur Nicolas, qui était sur le point, en 1835, de lui retirer à elle et à son mari l'autorisation d'habiter la France. Mme Swetchine en frémit. Sa vie était si bien organisée, son cher oratoire était là, son mari était vieux. Elle partit en plein hiver pour Pétersbourg, et elle réussit, sans grande peine vraisemblablement, à détourner le coup. Elle put rentrer en France pour n'être plus troublée. Chose curieuse cependant et qui ressemble à un hommage rendu à notre pays ! Mme de Staël, elle aussi, s'est trouvée avoir affaire au grand pouvoir de son temps, à Napoléon, qui ne la rappelait pas, qui la voulait au contraire loin de lui. Exilée à Coppet ou à une certaine distance de Paris, elle rôdait en quelque sorte autour du cercle interdit, comme pour trouver une issue ; elle avait la nostalgie de la France et de Paris. Un des fils de Mme de Staël alla se présenter à Napoléon à Chambéry pour lui demander la révocation de cet exil. « Non, répondit Napoléon, dites à votre mère que tant que je vivrai elle ne rentrera pas à Paris. Elle ferait des folies, elle verrait du monde, elle ferait des plaisanteries : elle n'y attache pas d'importance ; mais j'en mets beaucoup, je prends tout au sérieux… Pourquoi votre mère veut-elle venir se mettre immédiatement à la portée de cette *tyrannie*, car vous voyez que je tranche le mot ? Qu'elle aille à Rome, à Naples, à Vienne, à Berlin, à Milan, à Lyon ; qu'elle aille à Londres, si elle veut faire des libelles… Il n'y a que votre mère qui soit malheureuse quand on lui laisse toute l'Europe… » Elle était malheureuse en effet, car, pour elle, l'Europe n'était rien ; ce qu'il lui fallait, c'était Paris et la France. Pour Mme Swetchine, l'exil, c'est de rentrer dans sa patrie, qu'elle aime pourtant, et c'est avec supplication qu'elle implore de rester dans un pays où se font des révolutions qu'elle déteste. Dans les regrets de l'exilée comme dans les préférences de l'étrangère, n'y a-t-il pas un hommage semblable ? Seulement, j'ose le dire, le regret de Mme de Staël est plus touchant, parce qu'on sent frémir la fibre française ; la préférence de Mme Swetchine, sans laisser d'avoir son prix, est surtout le goût d'une personne du monde qui s'est fait une assez grande place dans notre société pour s'y plaire.

Le sens de la société française moderne échappait entièrement à Mme Swetchine, et dans le mouvement de nos révolutions, où elle a été mêlée, ne fût-ce que comme spectatrice, qu'elle décrit souvent d'un trait piquant, ce serait une singulière complaisance de l'amitié ou une étrange illusion de la représenter comme portant en elle un instinct religieusement libéral. On abuse fort de ce mot de libéralisme, on le met partout, même dans la vie et dans les opinions d'une grande dame russe. « En politique, dit M. de Falloux, Mme Swetchine était fermement et profondément monarchique, mais en très grande garde contre les tendances vers le pouvoir absolu… Elle avait en aversion tout ce qui est arbitraire, violent ou hypocrite ; elle le tenait pour une offense à la dignité humaine, à la vie morale… » Je le veux bien, je me figure surtout que M. de Falloux trace un portrait idéal où il met tout ce qu'il désire ; mais enfin le libéralisme de Mme Swetchine va jusqu'à voir dans un acte de l'empereur Nicolas une manifestation visible de la loi de Dieu. Et qu'on le remarque bien, ce n'est pas seulement lorsqu'elle aurait pu songer à sauvegarder sa situation par un excès de respect qu'elle parle ainsi ; même quand il est mort, l'empereur Nicolas reste à ses yeux le type suprême de la grandeur morale. « Jamais la prévision de la fin de ce grand règne ne s'était présentée à mon esprit, écrit-elle, et certes je ne me serais pas crue destinée à voir deux empereurs Alexandre en lutte avec deux empereurs Napoléon. Chaque jour, de nouveaux détails plus solennels et plus touchants nous reportent à ce lit de mort, où de si grands exemples ont été donnés. C'est là que l'élévation de l'âme de l'empereur Nicolas s'est révélée au monde comme elle s'était révélée à lui-même le jour de son avènement. » C'est après tout une personne avisée, qui s'intéresse aux efforts du libéralisme religieux français, mais qui en même temps retire sa souscription à *l'Avenir* le jour où l'empereur Nicolas est un peu éclaboussé. C'est une catholique sincère, mais qui est encore plus Russe, et qui, le jour où une nation catholique comme la Pologne se lève, écrit : « Dieu veuille que la force matérielle manifeste la justice ! »

La restauration était sans doute l'idéal de Mme Swetchine. La révolution de 1830 la trouva assez vivement hostile, et nul en vérité n'a décrit d'un trait plus mordant, plus frondeur, plus aiguisé, les hommes, les choses, les péripéties de ce temps. Mme Swetchine n'eut jamais de mission politique, à ce qu'il semble ; sa diplomatie libre n'entre pas moins merveilleusement dans le sens de la politique russe, et ses lettres sur les premières années de la révolution de 1830 sont adressées à Mme de Nesselrode. Ce n'est pas que la sagacité, l'esprit, manquent dans ces pages, dans ce journal où passent les échos et les impressions du moment, ce n'est pas môme que Mme Swetchine, justement parce qu'elle est étrangère et moins intéressée, partage toutes les illusions du monde qu'elle voit alors et qu'elle préfère ; elle a plus de clairvoyance avec la même malignité à l'égard des hommes, à commencer par le roi Louis-Philippe, et si elle ne croit pas à la durée de la monarchie de juillet, elle ajourne singulièrement ses espérances de restauration. La France, à ses yeux, est arrivée à un état où la république n'est pas possible et où la monarchie l'est encore moins, où tout s'en va, et où il n'y a qu'un mot pour caractériser cette situation, le *riennisme*. Elle se console après tout avec une parole prêtée à M. de Talleyrand : « la France fait du présent, la Russie fait de l'avenir. » L'Académie elle-même n'échappe pas à ses sévérités railleuses ; elle vient de donner un déplorable exemple de l'esprit qui l'anime en nommant un « démagogue, » M. Tissot. Heureusement l'Académie s'est convertie depuis et a trouvé grâce auprès de cette ingénieuse femme.

Un jour une lettre de Mme Swetchine à Mme de Nesselrode reproduit ce tumulte d'impressions acérées ou effrayées. « Vous me demandez, chère amie, si beaucoup de gens de l'ancienne cour ont fléchi devant la nouvelle idole, si beaucoup de gens, en faisant des vilenies au nom de leurs sentiments les plus chers, ont rappelé ce mot de M. de Talleyrand : « ne me parlez pas des pères de famille, ils sont capables de tout ! » Eh bien ! non, chère amie, les femmes de la bonne compagnie, les hommes qui sont au Palais-Royal en amateurs sont encore en très petit nombre, marqués au doigt et même tant soit peu conspués. La société, celle qui a pour elle des titres et des formes, possède pour reconnaître la durée presque autant d'instinct que le commerce. L'un et l'autre tiennent le pouls de l'état et ne risquent rien, tandis que les passions qui ne sont pas bridées par l'intérêt hasardent tout… Venons-en, ma chère bonne amie, à cette ingrate Pologne, qui absorbe maintenant toutes nos pensées… Quand la révolte s'étendrait à tout le royaume, si elle ne va pas plus loin, les forces les plus voisines doivent être assez considérables pour l'étouffer… En tout, je ne vois à la Russie d'ennemi vraiment redoutable que l'esprit révolutionnaire, le seul que les baïonnettes ne puissent atteindre. Avec celui-là, ni pacte, ni paix, ni trêve, et pour cela aucun moyen coercitif n'est nécessaire ni utile ; l'essentiel est que le pouvoir se prononce et suive toujours avec les siens la même ligne, qu'il avertisse de ce qu'il veut, et ne renouvelle pas ces tristes souvenirs du règne de l'empereur Alexandre, règne, quant à la direction de l'opinion, scindé, coupé en deux, et dont la première partie a préparé les tendances et les dangers de la seconde… » On met bien des choses sous ce mot d'esprit révolutionnaire, tantôt la Pologne, tantôt l'Italie, presque toujours la France. Changez un peu tout cela : supposez la France donnant la main à la Russie en Pologne, à l'Autriche en Italie, et reconstituant une sainte-alliance pour faire face à l'esprit révolutionnaire ; c'est à peu près le libéralisme qui se dégage des lettres de Mme Swetchine. Et quand on dit qu'elle a eu une influence, que son intervention patiente et active dans nos affaires religieuses et politiques s'est fait sentir plus d'une fois, oui sans doute, il se peut, Mme Swetchine a eu son heure ; son nom se lie à un certain mouvement d'opinion : elle a été un conseil, et elle a pu, elle aussi, faire des académiciens. Son salon a vu passer bien des hôtes illustres ou obscurs, de même que les noms des correspondants les plus divers se succèdent dans ses lettres ; mais au fond, dans cette action qui s'efforce de n'être point exclusive, de tout comprendre, d'avoir l'impartialité d'une bienveillance universelle, on sent l'esprit de coterie et de secte, et pour tout dire, sur ce « territoire neutre », dont on parle, Mme Swetchine apparaît comme la souveraine d'un petit monde distingué, mais borné, dont M. de Falloux est le Chateaubriand. Je parle, il s'entend, au point de vue de l'action intellectuelle. M. de Montalembert et l'abbé Lacordaire, bien que liés depuis longtemps avec Mme Swetchine, échappent à ce cercle par l'impétuosité de leur nature et de leur talent. M. de Falloux est la figure de ce cadre et comme le vrai fils spirituel de cette femme de mérite.

Ce qu'il y a peut-être de plus curieux encore que l'influence de Mme Swetchine et son incessante activité pendant sa vie, c'est son succès et le retentissement de son nom après sa mort. Que de choses entrent souvent dans un succès ! De combien d'éléments se compose ce bruit, qui n'est pas toujours durable ! Il y a ceux qui ont juste ment le culte pieux de la mémoire d'une personne qu'ils ont aimée, ceux qui ont été de ses réunions, ceux qui auraient voulu en être, et même quelquefois ceux qui imaginent en avoir été, parce qu'ils en recueillent l'esprit. Ce qu'il y a de compliqué dans la nature et dans le talent de Mme Swetchine, comme dans sa position, n'est point étranger à son succès. Il est des moments où cette essence subtile, métaphysique et religieuse, a une saveur singulière pour des intelligences lassées par les révolutions et ramenées à une sorte de goût étrange de tous les raffinements intimes. Et cette qualité même de grande dame n'a point nui à Mme Swetchine ; elle l'a servie au contraire auprès d'une société où les lois et les instincts sont plus démocratiques que les mœurs, où on ne résiste pas à ce charme de paraître initié à un monde supérieur, ne fût-ce que par les lectures et les goûts de l'esprit. Rien de moins populaire pourtant et de moins fait pour le bruit que la nature du talent de Mme Swetchine : cette finesse concentrée, qui est le trait de son intelligence, ne peut être goûtée que de quelques curieux de tous les secrets intérieurs. C'est une littérature d'initiés, comme c'est une figure d'initiée, et en réalité, parmi toutes les femmes qui un jour ou l'autre ont brillé dans la société française, qui ont eu leur heure de royauté ou d'influence, Mme Swetchine n'est point de celles dont le génie est tout lumière et expansion, qui, après avoir vécu de la vie de leur temps, laissent après elles une sorte de fascination. Elle n'a aucun de ces dons qui attirent et font une renommée universelle. Sa vraie place n'est point au grand jour ; elle serait plutôt en quelque lieu retiré, comme cet oratoire qui était son refuge, où brûlerait dans une lampe d'albâtre une petite flamme perpétuellement agitée, image de son esprit, et où quelques amis fidèles viendraient l'honorer. Par l'essence même de ses opinions comme par un genre d'esprit méditatif et subtil, Mme Swetchine ne parle qu'à quelques-uns, tandis que Mme de Staël, c'est la passion communicative d'une puissante et libérale nature qui se révèle jusque dans un simple billet à une amie, tandis que Mme de Sévigné surtout, après avoir été la grâce vivante et l'ornement d'une grande époque, montre encore au-dessus de son siècle ce visage rayonnant de jeunesse et d'éclat qui parle à tout le monde, laissant voir ainsi dans la mesure d'une humanité charmante ce que peut toujours être la puissance des femmes au sein d'une société polie, même au sein d'une société démocratique qui n'a pas renoncé à l'élégance et à l'esprit.

ISBN : 978-1986343206